生命的樂章

傅　予／著

文史哲出版社　印行

《生命的樂章》自序

—天光雲影共徘徊—

詩是一個寂寞者靈魂深處美麗的獨白！詩讓你在什麼都沒有的時候，而擁有比什麼都有更珍貴的東西！詩在文學中的地位，文學在人生中的地位，應是無人能否定它的！詩，當你一旦愛上了它，它便像一個影子跟著你，讓你難以擺脫，它又像一個夢，朦朧地掛在那波濤如織的星空，在我走過的沙灘上，讓我留下一個淺淺的腳印，雖然它在一波波的浪濤裡，隨同一朵朵浪花，在轉瞬間消失了蹤影；可是，它已根深柢固地屬於我生命中難以割捨的一部份！過去，它在我生命中揭開了一首序曲，未來，它也將在我生命中劃下一個休止符。而今，它卻在波光雲影的徘徊下，彈奏著一首生命樂章的進行曲！

在四十年前，有一位詩人在《夢土上》分割它的〈微塵〉，而我卻在四十年後一個小巢裡；組合二個間隔半世紀的基因，孕育一個新的生命—《生命的樂章》，它誕生了，在這千禧年的小島上，迎接公元二千零一年的第一道曙光，有〈緣〉將一個寂寞者靈魂深處的吶喊，作一次自我裸裎式的告白，這可是當你在什麼都沒有的時候，而擁有了比什麼都有更珍貴的東西了！因此，《生命的樂章》很冒昧地拉開了一個序幕，讓星光點亮了一盞心燈，而溫柔地輕彈一首藍色的小夜曲，紀錄一段星星耳語的悄悄話——〈星語錄〉在輕濤拍岸聲中，聆聽大自然裡一首《生命的樂章》吧！

這本小詩集有如一片桑葉，被春蠶啖成六塊飄零的落葉，它落寞地蜷縮在一個孤單的角落，又彷彿是崖邊一塊多年古老的化石，在寂寞地等待天光雲影的踐踏，抑或期待雲泥鴻爪不期而遇的邂逅？讓生命在海濱綻開一朵小小的浪花，雖然在轉瞬間又各自消失於這黑夜的大海！這或許就是筆者因《緣》組合近半世紀的基因；試孕一個生命的最大動力！

本詩集是由二個相隔將近半世紀的基因所組成，全書共分上下二卷共六輯一〇一首，均已在各大報副刊（中央日報、新生報、青年日報、台灣日報、台灣時報、世界論壇報及自立晚報〈新詩周刊〉）等及各詩刊（創世紀、乾坤、葡萄園、海鷗、中國文藝、大道、文壇等等）發表過的約八十五首，尚有十五首仍未發表或被退稿而遭冰封冷凍，如今生命在藍天白雲五線譜的演奏下有緣重見天日。茲分述如後：上卷六十二首，均是近年的作品，下卷卅九首，是三十年前的作品，大概冬眠前後各佔一半！

輯一〈螢火蟲〉有二十五首八行以內的小詩，內除八首係三十年前的舊作外，其餘十七首則是最近一年所寫的，四行內的小詩計有〈螢火蟲〉〈字〉〈夢〉〈鏡子〉〈錯誤〉〈葫蘆島的春天〉〈環保小唱〉等十一首，寫小詩難以強求，好像「踏破鐵鞋無覓處，驀然回首，伊人卻在燈火闌珊處」，完全在不期而遇中的邂逅，一首小詩在幾分幾秒間驀地完成。小詩雖短，但在三、五行間所呈現的主題訊息卻非常強烈！且結構要完整，它絕不會讓你有「難以下嚥」和「不知所云」或裹腳布的感覺！因此，小詩似乎才是真正的詩也！小詩精悍，讓你不禁莞爾！圓熟的詩藝才華，小詩可是一塊試金石！

輯二〈千禧年的祈禱〉內十六首除〈鐵路組曲〉外均是我在「九二一」之後，最近一年所寫的，公元二〇〇〇年是千年一度的「千禧年」！人間百事宇宙萬物，均可在千禧年的第一道晨曦下做最佳的祈願和祝福！筆者在此應感謝李宜涯主編讓〈千禧年的祈禱〉能趕在二〇〇〇年元旦第一道曙光下的《青副》上和讀者見面！

在本輯中，值得一提有三首詩；那就是〈末日〉〈輓歌〉和〈站起來〉，因它是台灣百年震撼的大地悲歌！一九九九年台灣「九二一」集集大地震後，筆者為災胞寫了上述三首詩，先後刊于《青年日報》《新生報》，因筆者乾枯的詩潭，幾近三十年淌不出一滴水來，卻在「九二一」被震爆了，「九二一」發生後，每天在電視報紙上，看到有那麼多的房子倒下，有那麼多人被埋在土裡，有那麼多無家可歸的老老少少的同胞，露宿大地，「九二一」震碎了大地，但也震醒了我一顆冬眠的詩魂，我想我能做的就是要用我的一支禿筆，來寫出內心最深沈的悲痛，我用〈末日〉抗議造物者的不公，用〈輓歌〉哀悼殉難的同胞，悲傷過後，站在晨曦投射下的角落，我又看到台灣社會的光明面，有無數的愛心和援手伸向災區而感動了我，因此，我寫下〈站起來〉呼籲災胞！呼籲全國同胞大家同心攜手〈站起來〉！如同「春天在冬天的尾巴上站起來」如同「太陽在東方的地平線上站起來」，因為中華兒女永遠是不會倒下去的！因此，我想如果沒有「九二一」的大震憾大悲傷，我想那枯乾三十年的詩泉，恐怕很難能再擠出一滴二滴詩露來，誠然「文窮而後工」，難道寫詩的人竟是如此一個悲劇的角色嗎？

輯三〈生命的樂章〉有廿一首，主題詩〈生命的樂章〉是一組詩，由生命〈誕生〉的序曲揭開序幕，對生命充滿了無限的希望！猶如黑夜之盼曙光。〈墓誌銘〉是「生命」全章中的一個休止符！也許是筆者感嘆生命的無常，吾人存在無限大的宇宙之中，人生如同無限小的零「○」，但宇宙也存在于吾人的方寸之間，我底生命又如同一個跳躍的音符；在藍天白雲的五線譜上—彈奏一首：〈生命的樂章〉此時我們又彷彿如同一輪旭日東昇的「太陽」有熱，有光，因為生命有愛！因此一個「零」一個「太陽」便是他最好的〈墓誌銘〉！

下卷計有三十九首，亦區分三輯，均是三十年前的舊作，分陳如后：

輯四〈心曲〉收編十二首情詩，創作時間均在一九六七年以前，每首詩均曾譜曲成歌，請見附錄三首均以原跡製版，作為追思大陸作曲家白浪老先生的永遠懷念！

輯五〈狂歌〉有七首，均是筆者卅年前的舊作，〈狂歌〉則是一首對生命內在心靈與肉體充滿了矛盾的無奈感！另一首〈失落的詩〉，寫于一九六六年，此後即進入長達三十年之久的冬眠期，而被一九九九年的「九二一」震醒了！

輯六〈尋夢曲〉，是筆者四十年前最早期的習作，當時筆者剛出校門，正是做詩做夢的年齡，在每月二、三百元的薪津內省吃儉用了一年多，在一九五五年我把在報章雜誌上發表過的卅餘首小詩印了一本僅卅三頁的袖珍型小詩集《尋夢曲》，每冊定價新台幣三元，我想它也算是我的第一本詩集吧！在此摘錄二十首作為回顧一路走來的淺淺腳印，其中十首是在一九五三年發表于《自立晚報》，乃由前輩詩人紀弦、覃子豪、鍾鼎文所主編的《新詩週刊》上，摘錄該刊自第六十五期至第九十三期共十首（第94期起停刊），亦為懷念覃老等在台灣早期詩壇華路藍縷之艱辛，本資料提供見麥穗兄著《詩空雲煙》第二〇三頁至二四四頁，由詩藝文出版社出版，併此誌謝！

在卷末「一封無法投遞的詩簡」雖然在四十年後完成了心願，筆者仍把它收集在這裡，作為獻給蓉子詩人一個〈遲來的回響〉吧！

最後，我想說的是；筆者希望當你讀完這一〇一首的詩集，如果其中有一首是你所真正喜歡的，那就夠了，因為兩顆完全陌生的心靈，終于在懸崖斷壁處找到了一座橋！

——公元二〇〇〇年十二月一日傅予寫于港邊小巢——

生命的樂章 目錄

傅予

篇次　頁次

輯二　千禧年的祈禱　43

創作時間：一九九九年

輯三　生命的樂章 75

創作時間：二〇〇〇年

△第八根琴弦的變奏曲△

下卷（四至六輯）

創作時間：一九五二—一九六六年

創作時間：一九五二—一九六六年

輯六 尋夢曲 149

（創作時間：一九五二—一九五五年）

△選自《尋夢曲》▽

上卷

（第一至三輯）

創作時間：一九九九—二〇〇〇

詩是一個寂寞者
靈魂深處美麗的獨白

（二〇〇〇、五、十七于小巢）

輯一　螢火蟲

創作時間：一九九九－二〇〇〇年

（內八首為早期作品）

螢火蟲①

你——
是天上的星星
為了追尋那失落的夢
向人間流浪了

（二〇〇〇年，春）
《台灣詩學》季刊第三十二期

字 ②

你——
懂得沉默是語言的語言
永恆地沉默著，給
人類做最忠實的證人

——一九五三年作品——
（一九九九、十一、廿五、台灣日報副刊）

夢③

昨夜
妳悄悄地拉開了我底心幔
讓我又一次回到永恆的過去
又一次回到倆小無猜的
童年

（一九五三年仲夏於台北）

第一根白髮④

從那裡飛來了一朵白雲
躲在山巔的黑森林間小憩
是誰插上了一面白旗
飄盪在這揚帆出征的船上

註：一九五三年當我發現第一根少年白有感而作！

小立⑤

白雲小立於山峰
浪花小立於海濱
銅像小立於大地

而我卻在時間之冥流上
悄悄地，默默地
小立了三十個剎那的春天

—卅歲生日有感而作—
（葡萄園詩刊第九期）

秘密 ⑥

藍天永遠封閉著
哲學家與科學家的謎底
大地永遠蘊藏著
造物者神秘的魔力

「一顆沙裡有一個世界」（註）
而妳流星也似的雙眸裡
正深鎖著我底一個秘密

註：這是十八世紀神秘詩人布來克(W. Blake) 的詩句—
一顆沙裡有一個世界
一朵花裡有一個天堂
將無限握入你的掌裡
萬古含蘊於剎那時光

—一九五五年作品—
（二〇〇〇、三、五中央日報副刊）

錯誤⑦

歷史上的污點是人類的錯誤
創造人類，又是誰的錯誤呢

（二〇〇〇、十一、十一于基隆小巢）

裹腳布與乳罩⑧

在東方
千年的裹腳布在民初解放
三寸金蓮，遂典藏入
故宮博物院

在西方
百年的乳罩在雙峰間雲遮霧罩
兩顆春筍，遂拍賣在
裸體營的沙灘上

—二〇〇〇、三、三于小巢—
（創世紀詩刊第一二四期）

手杖 ⑨

昔日「牽手」有如包袱
彷彿一個影子
在我的前後左右
　糾纏不去

而今，那甩不掉的包袱
　甩不掉的影子
有如一支手杖，讓我
「牽手」徒步于斜陽

（二〇〇〇、四、一于台北三月詩會）

註：「牽手」台語指「妻」也！

微笑⑩

陽光，一整天親吻著大地
臨別，站在西方的地平線上
用滿天的晚霞，展露了
一個大自然的微笑

母親，凝望著從她身體
分裂出來的一塊肉
第一次抱在懷裡，展露了
一個人性光輝的微笑

（二〇〇〇、六、十一晨八時于小巢）

星語錄 ⑪

昨夜，妳用滿地的星光
輕彈一首夜曲，讓它
對我喋喋傾訴天上人間的秘密
　　猶如情人的悄悄話

今夜，妳用一串星光
點亮了一盞生命的小燈，讓我
在這茫茫的夜之海裡，辨認出了
東方魚白的方向

（二〇〇〇、一、二十三于小巢）

喜訊 ⑫

綠衣人像一個飄動的春天
當他匆匆地走過我的窗邊
他又像是來自天國的使者
悄悄地投下了一封藍色的小簡

悄悄地投下了一封藍色的小簡
他又像是來自天國的使者
當他匆匆地走過我的窗邊
綠衣人像一個飄動的春天

（一九五九年作品・葡萄園詩刊第一四三期）

鄉愁⑬

天邊飄來一片疲倦的流雲
那白色的畫面，是誰
繪下我故鄉的圖案

林間飄來一張枯黃的落葉
那憔悴的面容，是誰
寫下我無言的詩句

——一九五五年秋作品——
（乾坤詩刊第十四期）

誰說藍天是永恆的沉默 [14]

誰說藍天是永恆的沉默
誰說白雲飄泊沒有家園
誰說大海又在演奏一支古老的悲歌
誰說我有尼采式的憂鬱

你可曾聽到午夜靜極的天籟
你可曾看到雷雨中白雲的歸宿
落葉的聲音是誰低微的歎息
啊，在彌留的輓歌聲中有星辰殞落

—一九六三年作品—
（葡萄園詩刊第六期）

△鏡・花・緣▽

鏡子⑮

你為了逃避自己
而展示別人
你為了展示別人
而埋葬自己

（二〇〇〇、十一、六于小巢）

花之詠 ⑯

蓓蕾開了
大地也笑了
陽光為原野披上婚紗的禮服

花朵凋了
大地也哭了
苦雨為蒼天灑下惜別的葬歌

（二〇〇〇年春于港邊小巢）

緣 ⑰

因分裂而失落另一半的星星在此交會
如琴瑟共鳴有聲復歸于無聲
如電光一閃剎那復歸于永恆
如春雷一擊而地動天搖
如閃電一吻而綻開了一朵生命的火花
然後又各自消失於這黑夜的大海……

（二〇〇〇、四、九〈台灣時報〉副刊）

△葫蘆島的春天▽（三首）

床⑱

你滿載著百萬雄兵
穿越愛的隧道，為
登陸葫蘆島上的一個
碉堡

（二〇〇〇、八、一于小巢）

永恆的擁抱⑲

一對凹凸基因的伴侶
　　　　醉了
醉在春天的葫蘆島上
醉成你儂我儂的
永恆擁抱

門⑳

白天關著，夜晚
你讓千軍萬馬進城
在葫蘆島上，作一次
奧林匹克的越野競賽
為了一個永恆的
擁抱

（二〇〇〇、一〇、二于小巢）

△環保小唱（三首）▽

清道夫㉑

你是地球的守護神
專門在人煙稠密的地方
清除人類的垃圾

垃圾桶㉒

你的嘴巴有如善門
人們不要的東西
統統餵到你底肚子裡

人類，垃圾製造者㉓

有人的地方就有垃圾
在大自然裡
人類永遠是垃圾的製造者

（二〇〇〇、一〇、二〇于港邊小巢）

△人生二讀▽

詩的人生 ㉔

因為詩我們有夢
因為詩我們富有

在詩的夢鄉裡
我們有織不完的美夢
在詩的王國裡
我們是一位仁慈的富翁

後記：因石頭詩人台客兄贈詩二冊，內題：〈因詩握手〉及〈因詩無悔〉有感而作，並與共勉！

—一九九九、九、九于港邊小巢—
（葡萄園詩刊第一四五期）

真善美的人生㉕

在人與人之間是存在的至真
在詩與詩之間用立言互勉至善
在酒與酒之間
　用微醺代替酣醉之至美
用酩酊溶解千古之愁石

人生幾何？生命在沙漏中流失
今夕何夕？天上人間兩相忘
但願乘桴筏於星河之中
酌一杯黃河之水
入海流

註：一九九九年八月中首次見到賴益成先生〈相忘江湖〉名
　片有感而作！

輯二　千禧年的祈禱

創作時間：一九九九年

創作的時辰 ㉖

生命
在這一分鐘裡誕生

愛
在這一分鐘裡有了果實

台灣（九二一）輓歌
在這一分鐘裡完成

千禧傳遞
在這一分鐘裡交棒

而我，也在這一分鐘裡
從天國偷來了一首小詩

（一九九九、十二、八日于清境農場）

有詩為伴 ㉗

屈原在汨羅江畔
　孤獨，寂寞

耶穌在十字架上
　孤獨，寂寞

釋迦牟尼在菩提樹下
　孤獨，寂寞

我徘徊在菩提樹下
我佇立在十字架上
我行吟在汨羅江畔
　不孤獨，不寂寞
因為有詩為伴

（創世紀詩刊一二一期）

懷念一段哈酒弄詩浪蕩的歲月㉘

對酌
在輕濤拍岸聲中
對酌
在港濱的小攤上
對酌
在滿盤的花生
　如滿天的星斗中

我們醉臥《夢土上》(註一)尋夢歌吟
彷彿已浪蕩到另一個疆域
此時，我們已不再論詩吟詩
因為，那最佳的詩品

就在這晶瑩如血液的美酒中
就在我們喚星邀月的舉杯中
　　寫盡，寫盡

暮秋的楓葉
在燃燒的血液中
　　飄盪
季節，在血紅的酒液中慢慢蛻變
港都的春色，驀地
在我們的夜光杯中
　　盪漾閃爍
滿盤的落花生如滿天的星斗
一顆顆，一粒粒
　你一顆，我一粒
在酩酊中我們再一次

舉杯邀月，飲盡那滿天的星斗
「哥倆好，爬呀爬呀過山河……」
你還記得四十年前的
一段哈酒弄詩浪蕩的歲月

（創世紀詩刊第一二二期）

註：《夢土上》是詩人鄭愁予一九五五年出版的詩集
附記：本詩為懷念廿世紀中葉在雨港碼頭所認識一位詩人而作！

千禧年的祈禱 ㉙

——站在晨曦下的禱告

在公元二〇〇〇年元旦的
　零時零分零秒間
在時間的河流上，豎立起
一尊千禧的里程碑

在沒有源頭沒有盡頭的時間大河流中
從此，有了一把時間的量尺
從此，地球的旋轉有了序輪
從此，人類的歷史有了紀錄

我們站在沒有源頭也沒有盡頭的
　　　　　時間的河流上
我們站在時間河流的里程碑上
迎接人類歷史的第二個千禧年

（自從一九九九年第六十億寶寶誕生了）

我們用六十億支生命的彩筆，在
創寫那十個百年世紀紀錄的扉頁
我們用六十億支生命的彩筆，在
創寫一篇六十億居民萬方語言的
　　　　　祈禱文

合十
在沒有源頭沒有盡頭的時間河流上
合十

在時間河流的千禧里程碑上
默默祈禱……

願天上的父
願地上的子民
在這即將來臨十個百年世紀的千禧
願地球村上居民，六十億人一顆心

願戰爭遠離，因為政客死亡
願強姦遠離，因為做愛有伴
願空氣有愛，讓人人呼吸自由
願天上的父
願地上的子民
願這世界上一切的罪惡和仇恨

統統在一九九九年的除夕永遠埋葬
願這世界上一切的美好，恩愛和夢
都跟隨我的腳步，一起跨越
公元二〇〇〇年千禧的門檻

呵，天上的父
　地上的子民
願青山常綠
願綠水長流
願在一條沒有紅綠燈的斑馬線上
有一隻和平鴿子
伴我同行

（一九九九・十二・十六于小巢）
—二〇〇〇年元旦青年日報副刊—

你可是我的小兄弟

—給第六十億寶寶—[30]

你在一九九九年
十月十二日凌晨三分
從另一個世界
來到這個有花有水
有哭有笑的大千世界

在這個地球村上
你是第六十億寶寶的戶籍登記
也是編號第六十億號的地球村居民
喂，哈囉！你是

盤古開天闢地亞當夏娃的第幾代？
因為，我尋根追源——
你可是這地球村上亞當夏娃的第一百萬代

喂，「六十億寶寶」，哈囉，小貝比
你可是我的小兄弟
我應該分給你
你在這地球上應得的一份土地，因為
你我都是這地球主人合法的繼承人

附註：聯合國一九九九、十、十二日宣布—凌晨三分在波士尼亞首都塞拉耶佛的科塞醫院，由二十九歲法蒂瑪所生的嬰兒，為全球第六十億寶寶，人類又邁入另一個人口高峰時代的降臨！

（一九九九、十一、八青年日報副刊）

魔棒下的樂章 ㉛

魔棒在空中迴旋
宛若一支行雲流水的「華爾滋」
讓我遊走於高山澗水之巔，驀地
它卻萬馬奔騰
如黃河的洪峰
從天際踩著白雲
翩翩而下

魔棒像一把鐵錘
敲擊著大地的鑼鈸
大地在魔音戛然聲中
　　　　而撕裂
　　　　　而飄散

魔棒再度揚起而緩緩迴旋
猶如多瑙河畔一曲藍色的探戈
它伴和著一支臺灣本土的翅仔舞（註一）
我彷彿看到一對對情侶
在池邊默默地蠕動
而走著螃蟹的舞步（註二）

註一：「翅仔舞」是臺灣本土文化下所產生的一種舞蹈。

註二：「螃蟹舞步」，係以螃蟹的走姿和緩慢的舞步，來形容翅仔舞中slow探戈的姿態模式。

後記：一九九九年九月四日于國家音樂廳，聆賞由林望傑先生指揮的迎接千禧年！為新世紀來臨而演奏的一場盛大音樂會，再度響起主題曲：「戰勝命運的巨人」，聽後有感而寫下本詩！

（二〇〇〇、五、二十一中央日報副刊）

圍爐㉜

除夕
歸根的遊子
是如此瘋狂地製造一個風潮
只是為了在今夜的爐邊
　　不能缺席

往年今夕
我的爐邊失落一隻羊
今宵，你又何忍將我僅有的再剝奪

妳倆並非消失于人間，而是在
大喜之日就從我的爐邊出走
直到正月初二歸寧一日

（一九九九年農曆除夕）

晚禱詞 ㉝

在天上的父
請聽我們心中的禱告
你愛我們，
是無所不在，無微不至
如同光照耀著宇宙
　　照耀著我們
你的愛
是我們永遠不竭的靈糧
　　像沙漠的水
　　像母親的手
永遠在我們最需要的時候
靠近我們，撫慰我們

呵！在天上的父
想想我們是多麼地無知
想想我們是多麼地後悔
因為那芝麻小事而傷了我們人與人間
最珍貴的感情
尤其是夫妻之間，父母兄弟姊妹之間
那最親密的家人
想想這是多麼地不值得的愚蠢行為
呵！在天上的父
請幫助我們
讓我們心中有愛
讓我們彼此珍惜和家人相處的時光
讓我們彼此珍惜天父的愛常駐在我們的心裡
因為我們要和天父的愛永遠同在
好讓我們生命成長在有愛的土地上！阿們！

（二〇〇〇、二、十一修正於小巢）
—〈海鷗〉詩刊第二十一期—

△台灣（九二一）的悲歌▽

末日[34]

——九二一集集大地震素描

世紀的末日
如同世界的末日
降臨在這島國的山城

樹倒、屋倒
山崩地裂
人如樹一棵棵倒下
人如屋一棟棟倒下

一切倒下的東西
統統埋進土裡，因為
天生萬物皆出於土而歸於土

人倒下入土為安
樹倒下入土再生
屋倒下入土為泥

山城奏起一首焚城的悲歌
屋倒、家毀、人亡、生離、死別
那大劫歸來的原鄉人，在
一夕之間變成了一無所有的流浪漢
以藍天為帳而露宿大地的景象
彷彿讓我從廿世紀的末日
走回到開天闢地的創世紀
又彷彿讓我在廿世紀的末日
看到世界的末日一樣

（一九九九、十、一日新生報副刊）

輓歌㉟

——哀悼（九二一）集集大地震殉難同胞

在二十世紀的末日
在千禧年的前夕
在這島國的心臟地帶
沉默的大地在抗議——
誰讓它穿上太多的綠色皮衣
「高而富」球場
誰在不停地傷害牠的皮肉筋骨
　大地用土石流懲罰我們
而今，大地又怒吼了
是沉默的地牛，在不斷

被蹂躪暴虐後
發出最後的反抗

牠因受傷而顫慄，而蠕動
牠微微的震顫反抗
僅僅幾秒鐘的喘息，舒張
牠輕搔背上傷痕的微癢
僅僅幾秒鐘漏斗滴答間的蠕動

呵，大地之怒已發出天威的咆哮
僅僅幾秒鐘
一場天譴已完成
一場世紀末的大悲劇，就在
天崩地裂的咆哮聲中，而
壯烈演出
生命如火在燃燒

生命若水在流失
生命若紙被撕裂
生命如蟻被掩埋
天哪，這是誰的罪孽

在這二十世紀的末日
在這千禧年的前夕
在這孤島上生根幹活的子民，為了
迎接公元二〇〇〇年的千禧年
是誰竟用了二千多條活生生的生命當作祭品

我踽踽山之巔，海之涯
在晚霞滿天，金光萬丈的夕陽餘暉中，我
掬日月潭滿潭的湖水
釀成一潭血紅血紅的秋之祭酒
再用蒼天的白雲鋪築一道

白色的祭壇，又用
大海的浪濤演奏一曲
這島國心坎上世紀末的輓歌
為歷史留下一頁
黑色的見證

附註：一九九九、九、廿一晨一時四十七分在台灣中部（南投、台中縣）發生百年來一次芮氏七點三級大地震，逾萬人死傷的空前大災難（死亡逾二千人）遍地瘡痍，慘絕人寰，不禁誦詩哀悼，以慰亡靈！

（一九九九、十、七青年日報副刊）

站起來[36]

——為九二一災胞獻詩之三

太陽從西方倒下
明天，又從東方
的地平線上站起來

春天消失在炎炎的夏日裡
明年，又從
冬天的尾巴上站起來

種籽被秋風埋入土裡
明年，又從
春雷聲中一顆顆在大地上

站起來

（九二一）我們苦難的同胞
你在一夕之間
你在分秒之間
你在這島國生根成長的土地上
　　　　倒下去

但你不必害怕，因為
有二千萬隻手向你伸出
有二千萬顆心圍繞在
你破碎的一顆心上

我們的愛心是你冬天的太陽
我們的援手是你黑夜的拐杖
讓你在破碎的家園

讓你在廢墟的瓦礫中
站起來

站起來，站起來
像太陽在東方的地平線上
站起來
像春天在冬天的尾巴上
站起來
像種籽在春雷聲中的大地上
　　　　　站起來

（青年日報：一九九九、十、三一）
本詩入選台客主編《百年震撼》詩選集！

△鐵路組曲（一九九八年作品）▽五首

車站①㊲

你是環島一圈裡一個點
沒有起點
沒有終點
你是這大圓圈裡的一個逗點

鐵軌②㊳

你是兩點中間的平行線
猶如兩條大鐵臂
如此沉默地擁抱著大地
猶如一條大動脈
環繞著這綠島的一週

你滿載著大時代起飛的巨輪
正讓它飛越過—
二十世紀最後的一個時光隧道

朝朝暮暮
你負荷著二千三百萬人民列車
正通過那時光隧道—
而邁入廿一世紀一個新的旅程

電線③

㊴

霹靂的腳呵
你踩到那裡
那裡的天涯呵
也變成了咫尺之家

電桿④ ㊵

矗立著
如十字架
在風中
在雨中
你插遍了
　城市
　鄉村
　與曠野
沉默如標兵
你日夜守護著
每一輛列車安全到達終點

北迴線上的紀念碑⑤ ㊶

一條銀灰色的巨龍
沿太平洋海岸的碧波怒濤前進
一隻銀灰色的穿山甲
穿過一座又一座的隧道
當你在那萬分之一秒中前進一丈
短短一丈
可曾有誰知道——
有多少人的生命在此殉亡

呵，鬼斧神工
人定勝天
大自然的偉大・已被你征服

當銀灰色列車
匆匆駛過和平站時
我不禁向那二十五位殉道者的紀念碑
——肅然敬禮

（二〇〇〇、二、二六青年日報副刊）

後記：因開闢北迴鐵路，共有二十五位鐵路員工因公殉職而建的紀念碑——「功垂北迴」！

輯三　生命的樂章

創作時間：二〇〇〇年

△生命的樂章（組詩五首）▽

美哉！生命①㊷

——生命的禮讚

生命在輪迴一甲子之後
我才發現它居然是如此地美麗

生命在此已卸下活在人間的重擔（註）
從此，不再為他人作嫁衣裳
從此，我底生命是為自己而活
如同為自己而呼吸一樣

生命如一道曙光

在晨曦的搖籃中
喚醒了一粒冬眠的種籽
生命如一朵浪花
在波濤洶湧的瞬間
展現了它最美麗的一刻

我對著一道曙光
　一粒種籽
　一朵浪花
不禁合十禮讚——
「美哉生命，我才一歲！」

（首稿刊於葡萄園詩刊第一四五期。二、○○○、五、十七修正于港邊小巢）

註：指筆者于1998年退休後自由自在的生活，可謂卸下人間的重擔！

海鷗與我②㊸

我漫步在大地之上
如同海鷗飛翔在天地之間
我存在宇宙之中
如同宇宙存在我的方寸之間
我底方寸之心呵
它卻存在我底生命之中

我底生命如同海鷗
如同一個跳躍的音符
在藍天白雲的五線譜上
演奏一首：〈生命的樂章〉

（二〇〇〇、九、二〇寫于往澳門飛機上）

生命的誕生③ ㊹

——生命序曲

生命鼓鼓地存在孕婦的肚皮裡
生命鼓鼓地包裝在一個圓圓的夢裡
生命如帆飄盪在波濤如織的海上

鼓鼓的肚皮，圓圓的夢
屈指中
一個新的生命
一個新的夢
誕生在
前方

（二〇〇〇年元旦于港邊小巢）

浪花④

——生命進行曲 ㊺

在這波濤洶湧的海上
浪花生滅在瞬間
雖然轉瞬間淹沒了蹤影
但你用生命展現了
那最美麗的一刻，在
這時空交會中的剎那

一朵又一朵
一波又一波
在這無涯的海中，猶如
在人類歷史的浪潮中

一代又一代，生生滅滅
在那大自然的波聲浪影中
正演奏著一首不朽的樂章
迴盪在萬丈紅塵

（二〇〇〇年一月一日修正于小巢）

附註：一九九九、十一、一、從澳門飛往福州的航線上，
凌空俯瞰大海中朵朵浪花，頓悟人生幻象有感而作。

墓誌銘⑤ ㊻

——生命休止符

我凝望著
大地上一塊墓碑
在它上面，想寫
一首詩
一句話，或是
一個字也好
呵，不！因為——

因為我的生命是無聲的
它沉默如太陽
默默地從東方走來，又

默默地向西方走去
　它寫下了晨曦
　也寫下了晚霞

久久，久久
我對著我的墓碑仍是一片空白
但終于用白色寫下一個「零」
卻用紅色畫下了一個
太陽

（一九九九、十二、十二修正）

向死亡邁進 ㊼

死亡的大黑洞，是埋伏在
生命發光發熱的背後，如同
黑夜是埋伏在白晝的後面一樣

從呱呱墜地開始
我們就一步步爬向死亡
爬向生之旅的終站
大黑洞的吸力如地心引力
猶如雙腳之于大地
——永難分離

偉大的人類，努力吧

努力地向死亡邁進
你用黑白雙腳不停地前進
不停地邁向死亡，永不止息
在人生六十步，或是百步之間
你想做什麼呢？也許
你是叱吒一世的風雲人物，也許
你是默默無聞的販夫走卒，也許
你什麼都不是，你只是你自己
但，可確定的是——
大黑洞的吸力沒有人能例外
它讓我們分分秒秒不得不向
死亡邁進

附記：公元二〇〇〇年十月一日晨讀隱地先生賜贈〈翻轉的年代〉內「版權頁」突然有感而作！

牆與橋 ㊽

牆，存在于人與人之間
如我家後院裡的小牆，它
分割成你家，我家

牆，存在于中原與蠻狄之間
如錦繡河山的萬里長城
矗立如標兵，它
捍衛著大中華的疆域

牆也存在于台灣海峽的中線上
它分裂著兩岸同文同種的炎黃子孫

歷經半世紀的冰封冷凍，它
存在著多少人性的掙扎
也存在著多少獸性的困惑

如今，萬里長城已成古蹟
但存在人與人之間，卻有
太多的小牆與大牆，卻有
太多看得見與看不見的心牆

但願讓大愛的東風，吹垮
人與人之間的牆吧
但願讓我們在一個地球村裡
沒有你家我家，也沒有
我，你，他的類別區隔

站在冰封半世紀的台灣海峽的中線上

讓我們用晨曦搭一座
新世紀的虹橋，它將
雄偉而壯麗地跨越
在海峽的兩岸之間
引渡香火，引渡
愛的相思

（二〇〇〇年詩人節朗誦于國立歷史博物館）
——乾坤詩刊第十五期——

魔棒下的春天（A）㊾

在「藍色小精靈」（Viagra）
魔棒揮舞之下
你讓春天在冬天的尾巴上站起來
你讓蓓蕾在沙漠的土地上開花

在驚濤駭浪的海上
在翻雲覆雨的船上
在板塊擠壓的震盪中
在巫山雲雨的繾綣中

魔棒揮舞一篇不朽的樂章

它敲彈著大地陰柔的鍵穴
飄出德伏乍克音階無限激情的回響
一波波浪蕩震顫的音符
一串串嬌喘吁吁的浪笑

琴鍵正演奏一首古老的戀歌
在如夢如幻欲仙欲死的纏綿中
魔棒如筆，驀地在
大地上畫下一幅
不朽的春天

（二〇〇〇、五、十八青年日報副刊）

魔棒下的春天（B）

在「藍色小精靈」魔棒揮舞之下
你讓春天在冬天的尾巴上站
起
來
你讓蓓蕾在沙漠的土地上開花
你讓上帝完成了亞當的傑作
在驚濤駭浪的海上
在翻雲覆雨的船上
在巫山雲雨的繾綣中
魔棒如錘威武地
敲彈著大地陰柔的鍵穴，飄出
一聲聲原始音階無限激情的迴響

琴鍵演奏一首古老的戀歌
在如夢如幻的纏綿中
在板塊擠壓的震盪中
在嬌喘吁吁的浪笑中
魔棒如筆，驀地在
大地上畫下了一幅不朽的
春天

註：首稿〈魔棒下的春天A〉刊于二〇〇〇、五、十八、
青年日報副刊、嗣于同年八月十六日修正，並易詩題
為〈Viagar 幻想曲〉刊于〈乾坤〉詩刊第十六期。

日出日落 ⑸

日頭總是從那遙遠的東方走來
它帶著一把金光閃閃的匕首
劃破了
黑色的大地
為世界帶來了
光明

日頭總是向那遙遠的西方走去
它可是玩累了藍天的舞台
收拾起一天的家當
帶走了滿天的晚霞

默默地消失在
夕陽斜照的
地平線

（公元二〇〇〇年元旦于港邊小巢）
〈葡萄園〉詩刊第一四七期

遺愛人間
——獻給「大體老師」㊿

當生命走完人生的最終一站
我的身體躺下了
但我的器官不死，因為
我揮霍我一生最後一次僅有的財產
用我器官捐贈卡插入，輸出
那儲存生命銀行的提款機，因此
我器官活在被輸入者的身上
　　如同永生

當生命走完人生的最終一站
我仍放不下我對人間最後的愛
莘莘學子

當你緩緩舉起手中的解剖刀
請用最親切的微笑
請用最溫柔的聲音
輕輕地低喚一聲：
「大體老師」！

—二〇〇〇、一、十于港邊小巢—
〈葡萄園〉詩刊第一四七期

註：「大體老師」係醫學院學生對捐獻遺體以供大解剖教學用之屍體，一種尊稱也！

鐘乳石 ㊾

在蘆笛崖的崖洞中
我彷彿走進了大地的乳房
四週巍峨壁立的乳石
垂垂如筍倒立，宛若
大地之母從乳房淌流出來
一塊塊結晶的乳汁

歷經億萬年的冰凍冷藏
歷經億萬年的生根滋長
在時間的冥流中
你的一瞬猶如我的一生

呵，你是大地之母
愛的標誌

後記：公元二〇〇〇年八月六日隨團遊于桂林蘆笛崖，在四週巍峨壁立的鐘乳石中，驚嘆造物者的神奇有感而作！

井中井 ㊿

——致井底之蛙

有人劃島為「井」
他只能看到阿里山，日月潭以及
凱達格蘭大道

有人遙指中原為「井」
他竟誇說：「登泰山而小天下」
有人擁抱地球為「井」，站在
地球的聖母峰上
遠望太陽系的星河
不過看到銀河系的一角而已
呵，大井中的小井
小井中的蛙蛙們
你們可是一群井中井的井底之蛙嗎？

（寫于二〇〇〇、五、二〇台北）

尋根記[54]

我來到一條陌生的路上
徘徊又徘徊
痴痴地尋找那曾經留下的腳印
呵，腳印下的黃泥巴
你可曾聽見一顆久違的心跳

我來到一個我夢中童年的池塘
池塘卻變成了一座高樓的大廈
樓中飄出巴哈的變奏曲
我卻聽成童年夏夜裡的蛙鳴與蟬叫

我來到一顆昔日老松樹的樹蔭底下

迎接我的卻是一團大樹根，
在那兒躺臥
我夢中的故鄉呵！
你在那裡
回答我的只有老樹根底下
淡淡的鄉土味

（二〇〇〇、十一、一追記于小巢）

後記：一九九九年十一月一日，我第一次踏上離別五十二年之久的故鄉—福州！同月三日由惠蓉黛芳二甥女陪我到西門傅厝里追尋童年記趣，但半世紀的闊別已人物全非，石板土路已變成高級公路，池塘變大廈，老松樹剩下一團如大圓桌的樹根，百年老屋不翼而飛變成一條大馬路，族人星散！唯一的追憶；是那棵老樹根底下一把泥土的香味！

回話[55]

——獻給愛詩的朋友

愛瀰麗，逖金遜（EMILY DICKINSON）
生前默默無聞
她寫詩，一首又一首
不為什麼，只為自己
對自己在無聊時說說話
說出她心中的感覺
說出她心中的一個夢

因此
她一首又一首不停地對自己回話
她生前已不再孤獨
她生前已不再寂寞

因為她有詩為伴

她死後，那排山倒海的人潮
開始對她回話，有
太多的人地老天荒的對著她的
墓誌銘──回話（CALLED BACK）
而她卻已不再回話，因為

她在生前已對自己
用她那一首又一首的詩篇
　　　　　　　　回話

啊，你何必記掛有誰對你回話
也像遜金遜一樣寫吧
一首又一首
寫出你心中的感覺
寫出你心中的一個夢
像遜金遜一樣不停地
對著你自己回話，那麼

你將不再孤獨
你將不再寂寞
你的心園，將有百花獻媚
因為有詩為伴

一旦你死後
你不會在意
有沒有人也會對著你的墓碑回話
因為你已在生前像愛瀰麗、狄金遜一樣
對你自己已做了最佳的回話
用你一首又一首的詩篇
　對著你自己回話

——一九九九年冬于小巢

註：愛瀰麗・逖金遜係英國女詩人，歿於一八八六年，生前寫詩無人得知，死後由哈佛大學購下她全部手稿出版三巨冊，名聲大噪，「回話」如排山倒海而至！

時間 ⑯

在時空的經緯度上
你用無數剎那累積成一條直線的無限長
沒有源頭，沒有盡頭

你是一輛永不停留的列車
在時間的軌道上
你有三個不停留的站
昨天，今天和明天

過去的「昨天」已走入歷史
未來的「明天」永遠是「明天」

只有「今天」屬於我
生命中一切價值形成在
「今天」

（一九九九年冬初稿，二〇〇〇年三月修正）

—葡萄園詩刊一四六期—

世紀末的迷思 ⑰

——（魔棒下的樂章）修正篇

魔棒在空中迴旋。宛若
一支行雲流水的華爾滋，讓我
遊走於高山澗水之巔，驀地
它卻萬馬奔騰，如
黃河的洪峰，從
天際踩著白雲
翩翩而下
魔棒再度揚起
而緩緩迴旋，猶如
多瑙河畔一曲藍色的探戈

它伴和著一支台灣本土的翅仔舞
我彷佛看到一對對情侶，在池邊
默默地蠕動，而走著
螃蟹的舞步

一串有聲復歸于無聲
魔棒驀地，又像一把威武的鐵錘，它
敲彈著大地陰柔的鍵穴，飄出
德弗札克音階無限溫柔的迴響
正飄盪在這小島烏雲密佈的夜空

魔棒下垂，魔音戛然而止
大地因而撕裂
　而飄散
　　而凝凍
　　　而死寂

當地球頓住的瞬間
我驀地在如雷聲中，
而逃出了世紀末的
迷思

附註：本詩首稿〈魔棒下的樂章〉曾在二〇〇〇、五、二十一刊于〈中央日報〉副刊，復因二〇〇〇、五、十二聆賞仍由林望傑先生指揮，而由大提琴家馬友友等樂壇巨星的演奏後，有感而修正如本稿—為〈世紀末的迷思〉

（二〇〇〇、五、二〇于小巢）

告別二〇〇〇年

㊽

好像「今天」告別了「昨天」
我向二十世紀最後的一秒
握手道別

在這百年之間
我們告別了兩次的世界大戰
告別了南京大屠殺
告別了柏林圍牆
也將告別歷史上的三十八度線

告別了台灣「九二一」的百年震撼
也將告別台灣海峽的中線
告別了在二十世紀裡
一切的罪惡和仇恨
也不得不告別在二十世紀裡
　一切的美好和夢

當時鐘擺動在公元二〇〇〇年的
最後一秒和新世紀的首秒之間
「二十世紀」，你已在
沙漏滴答聲中
而走入了歷史

（二〇〇〇、十一、六于港邊小巢）

飛揚的21世紀

(59)

沒有源頭　也沒有盡頭的時間的河流
悄悄地滑過多苦難的二十世紀的尾巴
地球上的子民
不禁在晨曦的投射下
而起立
　而擁抱
　　而歡呼的聲中，而
迎接21世紀的第一道曙光
如同種籽在大地上
　而起立

如同生命在子宮裡
　　而擁抱
如同春雷在原野上
　　而歡呼
如同海鷗在藍天下
　　而飛翔
也如同我從二十世紀飛越21世紀
而繞著歲月
　而繞著人生
　　而繞著21世紀的第一首詩
在一張沒有格子的稿紙上
而飛揚

—寫在21世紀的前夕—

△第八根琴弦的變奏曲▽

浮萍[60]

——站在台灣海峽中線上歌吟

因「兩國論」的狂飆肆虐
我始發現半個世紀的深耕成長
依然如一葉無根的浮萍
在兩岸之間游盪

這塊如母親胸脯的土地宛如方舟
我在她胸脯上抓起一把泥土
在她上面曾經凝聚著—

我們多少的汗
淚
血和
多少成就的肯定
但這一切我們生命成長中的歡笑
卻在一夜之間被埋葬
卻在一夜之間失去了歸屬
因為在一夜之間，我們
似乎都變成失落國籍的
東方猶太人

米壽之年的「中華民國」
您好像也在一夜之間走入了歷史
因為在「兩國論」中
我們似乎已聽不見您的聲音
我們似乎已看不見您在兩國論中的

地理位置

站在台灣海峽的中線上
我們有如一群無國號
　無國籍的世界遊民

（民國八十九年一月廿四日刊世界論壇報）

向前走

——獻給大愛者[61]

向前走
拋下昨天，拋下
昨天最難忘的一頁

向前走
拋下昨天，拋下
昨天最心痛的一個字

向前走
迎向明天、創造
明天最輝煌的一頁

向前走
迎向明天、創造
明天最嚮往的一個夢

向前走
迎向明天、創造今天，走向
一個大愛的世界

附註：寫在台灣「五二〇」之後

（二〇〇〇、六、廿九于小巢）

凱達格蘭大道 (62)

從中山北路而中山南路，右轉
前進「人民頭家」的府上
而迷失在「凱達格蘭」的濃霧裡
因為中國人看不懂中國字
——「凱達格蘭」是啥呵

左看右看、上下仰望
我把藍天看成了綠地
我把非我族類看成了炎黃子孫

站在「凱達格蘭」大道的

濃霧裡，我——
看不見青天
看不見白日
看不見秋天的楓葉舖滿
大地

註：「凱達格蘭」大道位居台北最重要的大廣場，因台北市易黨執政將斯道改名為非我族類之語言「凱達格蘭」，故國人難懂其義是啥？

下卷

（第四至六輯）

創作時間：一九五二—一九六六年

科學家是改善人類物質生活的工程師而詩人卻是改造人類心理活動精神生活的工程師！

（二〇〇〇、八、十九于台北）

輯四　心曲（情詩專欄）

創作時間：一九五二—一九六六年

心曲 ⑬

縱使白雲的變幻是一首無常的詩
無涯的藍天是一張無邊的稿紙
也寫不了呵
　我底萬縷情絲

縱使大海能唱起抒情的歌
無盡的波浪是無休止的音符
也奏不了呵
　我底心曲一聲

（一九五五年作品）
—葡萄園詩刊第一四六期—

雨天抒情曲[64]

是上帝用幻手撥弄著
大自然的萬弦琴
　　在歌吟
而當我那拆斷的心弦，啣接上
大自然的琴弦，這時候
我卻有多少心曲，交響在
那如夢如幻的雲天裡

（一九五三年首稿二〇〇〇年夏修正）

莫問[65]

請你不要再這樣問我：
「為什麼喜歡孤獨」？
因為多少回憶的甜果
都在我孤獨時咀嚼

請你不要再這樣問我：
「為什麼喜歡寂寞？」
因為多少心靈的創傷
都在我寂寞時療養

——一九五三年作品
（乾坤第十三期）

夜禱㊿

風悄悄
　雨悄悄
小河瘖啞了淙淙
夜鶯已眠
　杜鵑已歇
是誰仍鼓盪著
愛的音符
　祝福的聲音

（一九五五年于羅東）

孤燈[67]

不要用藍色地眼光凝望我
不要用藍色地眼光凝望我

那會編起我底夢幻
那會掀開我底心幔

閉起吧！妳底藍眼睛
閉起吧！妳底藍眼睛

—一九五五年作品

是你的歌聲在呼喚 ⑱

當天上
所有的星辰
都沉醉在
夢的睡鄉

當人間
所有的信徒
都唱起了
「哈里路亞」

呵，羅莎蘭
是你的歌聲在呼喚

它像一支萬古恆新的聖誕歌
在這午夜的星空低低迴盪
　在這午夜的星空低低迴盪

附註：①首稿〈葡萄園詩刊〉第9期
　　　②一九九九年十二月修正

別了，羅莎蘭

——給L ⑲

我不敢說聲再見
　因為我要悄悄地離開你
像一顆流星離開了天宇
　我要悄悄地離開這個小小的地球

像一陣風，從你身傍吹過
我不敢吹拂妳的黑髮
因為我怕此去會迷失在那黑夜的森林
我不敢吹拂妳的紅唇
因為我怕此去會遇到那西天的晚霞
我不敢吹拂你的眼睛
因為我怕此去將要飄渡那藍色的海洋

呵，可讓我輕輕地拂吻妳的裙帶
雖是如此淡淡的一吻，而妳
卻讓我帶走了一個永恆的回憶

〈葡萄園〉詩刊第一四五期

戀歌 ⑩

有如火與蛾
願在那美麗的火花中
　　燃燒，焚化
有如海與船
願在那藍色的海底
　　永遠埋葬
有如倩影
從我底身傍躲進我底心裡
有如夢
從這個世界飛渡到另一個世界
　　作一次蜜月旅行

（一九六二年作品二〇〇〇年修正）

眼睛 [71]

如宇宙之窗悄悄地關閉了
夜之幔從天際低沉地垂落
是誰，被阻攔於天堂的門檻
當妳默默地閉起了妳底眼睛
　　　在小憩

如幽潭泛波
多惱人的藍色明鏡
映照出一潭春水
是誰，悠然遨遊于其上
呵，當我的眼睛凝望著妳底眼睛

（葡萄園詩刊第六期）
—一九六三年作品—

我願化作微風 ⑺

當妳倚欄輕唱
美麗的歌聲迴旋在天上
我願化作一陣微風
讓微風伴和著歌聲
在這人間飄盪

當妳顧影默嘆
淡淡的愁思迷漫在心上
我願化作一陣微風
讓微風伴和著思潮
吹開了妳底心慢

—一九五三年作品—
（葡萄園詩刊第二十六期）

一種境界[73]

——月夜素描

昇在天邊，步在海涯
妳呀，妳呀
多美，多美
繁星因妳而閃爍
海浪因妳而歌舞

昇在天邊，步在海涯
妳呀，妳呀
無邪，無邪
嫦娥的丰姿

讓波濤靜靜安息
使夜更美更美
癡情的孤雁喲
　守著妳低低迴旋
守著妳低低迴旋

—一九五二年作品—

形影之戀 [74]

如形與影
你的存在是我的存在
如影與形
我底存在是為了
　你底存在

（二〇〇〇、十二、八于小巢）

輯五　狂歌

創作時間：一九六〇—一九六六年

狂歌[75]

我說我是「上帝」
人們偏偏不信
而我卻創造了一個宇宙
在我心裡

我說我是「魔鬼」
人們偏偏不信
而我的身體卻有億萬撒旦
伴我同行

我說我不是活在人間
我是囚禁在煉獄裡等待時間

人們偏偏不信，人們偏偏不信
而我的靈魂卻在一縷煙圈裡
　　昇往天堂

人們偏偏不信
人們偏偏不信
他說我的話兒瘋狂
他說我的詞兒荒唐

　　—一九六〇年作品—
（葡萄園詩刊一四五期）

訴

(76)

呵，我盼望，我祈禱
給我時間，讓我安息

安息不是休止
而是為了
　走更遠的路
唱更美的歌

縱使那瘖啞的歌聲
已為巨浪所淹沒
但導航的燈塔仍在閃爍

在破曉的雞鳴聲中
有一片白雲伴一顆孤星
　與我同行

—葡萄園第七三期—

（一九六一年首稿二〇〇〇年七、一修正）

色與空

——致某尼姑 ⑺

為什麼把青春的髮絲剃落
為什麼披上了黑色的袈裟
為什麼在妳灰色的眸鏡裡
照映不出春天的景色
呵，妳用黑白埋葬了造物者彩色的傑作

為什麼違反了愛神邱比特的意旨
為什麼背叛了大自然的律例
為什麼在妳寂靜的心潭裡
枯乾了愛的源泉
呵，妳踩著無我相的腳逃出了
　　春天的門檻

（一九六三年十二月十二日于台北圓通寺）
——首稿〈葡萄園〉第七十六期原題〈致尼姑〉

鄉音⑱

在這寂靜的午夜
在那歌德式的教堂頂上
聖誕的鐘聲悠然而迴盪

它像一部無言的天書
寫在星斗與星斗之間
它像一首古老的詩篇
寫在人們的心坎之上

這肅穆而單純的音符
不是貝多芬的月光曲
不是彌賽亞的聖母頌

但它那奇妙的旋律
卻像是來自天國的鄉音
在那哥德式的教堂頂上
低低迴盪
　低低迴盪

（一九六四年作品）
—葡萄園詩刊第七期—

別[79]

像沙浮再向這人間一盼
啊啊，沒有留戀，沒有留戀
地球告別了，
太陽和星星告別了
夢告別，虛幻告別了
時間和空間告別了
最後，讓我和所有的「過去」告別
因為，我要飛呵
飛向宇宙的邊緣
　飛向藍天的背後

—一九六五年作品—
（首稿〈葡萄園〉第十一期）

靈魂的嘆息 ⑳

這世界何其陌生呵
我底靈魂之鳥
從葡萄園小樹上
越過山巔
　飛過海洋
是生活之箭嗎
把我射落
射落在這黃沙遍地的沙漠
沒有吉他，沒有夢
小提琴掛在牛背上

我徘徊在不夜城的霓虹燈下
追尋那葡萄園上空一顆藍色的星星

不必歎息，不必哀怨
沒有綠意，沒有甘泉
讓我心靈的小鳥
　埋葬在這寂寞的沙漠

附註：一九六三年詩人節大會上，因聽詩人余光中言論有感而作！
—〈葡萄園〉詩刊第五期—

失落的詩 ⑧1

——寫在沒有詩的日子

這些日子
我的靈感像飄零的落葉
從秋天的樹枝上
默默地失落

這些日子
我的靈感像海濱的浪花
在子夜的沙灘上
悄悄地消失

這些日子
我的靈感像夢裡的星星
在朦朧裡閃爍
　在清醒時幻滅

這些日子
我的靈感像一塊乾枯的瀑布巖
久久，久久也淌不出
一滴水來

—一九六六年寫于台灣雨港基隆—

輯六

尋夢曲

（摘錄十首另《新詩》週刊十首）

創作時間：一九五二—一九五五年

時序篇 [82]

（一）

春風
你來
蓓蕾開了
草原綠了
大地呵，也年青了

（二）

秋風
你來
花兒凋了
葉兒飄了
大地呵也衰老了

尋夢曲⑧³

星星
為了追尋那失落的夢
不禁失足，向
人間流浪了

流螢
為了追尋那失落的夢
點燃生命的小燈，迷失在
仲夏夜的夢園裡

附註：本詩原作一九五四年五月十七日嗣于二〇〇〇年六月六日端午節修正于小巢

旗[84]

早晨的時候
一朵彩雲
從山峰上升起
我歡呼著向它敬禮
——這是宇宙的旗

早晨的時候
一面三色布
從旗竿上升起
我歌唱著向它敬禮
——這是祖國的旗

早晨的時候
一片尿布
從曬衣臺上升起
我微笑著向它敬禮
——這是人類的旗

早晨的時候
一縷炊煙
從屋頂上升起
我忙碌著無暇向它敬禮
——這是生活的旗

歸 [85]

清晨，我聽見曉風吻晨星
　說：「我會回來」

傍晚，我看見夕陽戀晚霞
　說：「我會回來」

夜半，我行吟在碧海灘上
凝望那遠遠地一線天
悻悻地說：
　「彼岸呵！祖國呵！
　　我會回來，我會回來！」

註：一九五三年除夕，夜遊基隆港，在海濱沙灘上遙望彼岸，想起一別六載的雙親，不禁有感而作！

路

㊱

袒露著赤裸的胸膛
讓千萬人踩踏
讓千萬個車輪滾旋
眼看你——
　擦破了皮
　輾碎了心
而你，沒有嘆息，沒有呻吟
不怕風雨，不怕烈陽
日日夜夜，月月年年……
你躺在大地上面
期待著遠行人的腳
烙印下一長串惜別的吻

匆匆 [87]

剎那跟著剎那
　在時間的路上
匆匆，匆匆地消逝去

腳步跟著腳步
　在空間的路上
匆匆，匆匆地來來去去

孩子跟著孩子
　從綠色地搖籃裏
也匆匆呵，匆匆呵
　匆匆地奔跳向黑色地墳墓

我永遠悲歌時間的消逝 (88)

牆上的日曆一頁一頁的脫落
頭上的白髮一根一根的出現
人生的道路一天一天的縮短
希望的浪花似海潮的澎湃

心坎的痕印是時間的留影
未來的日子是美麗的少女
走過去，卻變成了醜陋的老婦
有誰告訴我生命的歡樂
呵呵！我永遠悲歌於時間的消逝

——一九五三年作品

葬歌 [89]

我徘徊在春天的花叢裡
看見一朵朵薔薇
向大地嫵媚地弄姿
剎那，她悄然安息在大地底手腕裡

我徘徊在黃昏的夕照裡
看見一片片彩霞
向藍天驕傲地微笑
剎那，他黯然消失在藍天的角落裡

我徘徊在黑夜的原野上
聆聽「呼呼呼」地夜來風

它敲打著大地
宛若一首惜別的葬歌

——一九五三年作品

駱駝 ⑨⓪

生活在沒有春天的沙漠，你，駱駝
滿天的風砂飛揚
像海上的波浪翻騰
而你呵
也像一隻揚帆的船
　向永恆的綠洲遠航

——一九五三年五月十七日于台北——

安息歌[91]

——給L

早晨
我在青青的草上
　輕輕地徘徊
　輕輕地徘徊
我用最輕微的聲音
向晨曦默語
「請你把腳步輕放
　她會驚醒」
夜半
我在淒清的月下
　輕輕地徘徊

輕輕地徘徊
我用最溫柔的聲音
向星星低喚
「請你把眼睛輕眨
她會驚醒」

一九五五年作品

△下列十首均選自《新詩》週刊▽

走過去[92]

青年人看見孩子
騎著竹馬
跑過田野……
他笑笑，走過去

老年人看見青年人
徘徊月下
佇立花前……
他笑笑，走過去

一個遨遊物外的哲人
看見老年人
　顧影默嘆
　倚杖沉思……
他也笑笑，笑笑
　走過去……

註：一九五三年二月二日《新詩》週刊第六五期

日子 ⑨③

時間的路呵
造物者用「黑」「白」劃出了你底里程
我揹負著生活的重擔
流浪在你這神秘的路上
左腳剛踩上你的「白天」
而右腳又踏進了你底「黑夜」
我疲倦了的雙腳
跟著你機械地轉動，呵
究竟是我在接你歸來
還是你在送我歸去

附記：一九五二年除夕，我瞭望星雲在藍天下交流有感而作。
（一九五三年二月廿二日〈新詩週刊〉第67期）

△拾碎篇（五首）▽

流星①

[94]

一支金色的箭
飛向黑色的世界
給那凍僵的大地
燃起一把小小的火炬

我、你、他②

⑮

在那神秘的天上
有日、月、星
在交換著執行任務
在這貧乏的人間
有我、你、他
在發掘著無盡的寶藏

唇③

(96)

「一顆沙裡有一個世界」
我為什麼懷疑
妳那兩扇緋色地門裡
正深鎖著我底一個天堂

變④ ⑼⑺

日月在天上變換
原野在陽光下變色
小青青，妳底臉呀
也在時間的流影裡
變了模樣

（一九五三年三月十六日〈新詩週刊〉第70期）

你能告訴我嗎 (98)

你能告訴我嗎
大地上有過多少人的足跡
大地下埋過多少人的骸骨

你能告訴我嗎
那些人，現在都往那兒去
未來的人，現在在那裡
一百年後
　我們也都到那裡去

你能告訴我嗎
藍天的背後是什麼
永恆是不是剎那的存在

（一九五三年四月六日〈新詩週刊〉第73期）

貓死之聯想㊾

——貓、你死了——

那時，我不忍看
現在，我不忍想
貓
呵！
你白毛上噴射出紅血
　像山谷裡的一口噴泉
你痛苦地跳著，蹦著，甩著，滾著……
　像孩子手裡的一個圓皮球

而你，面對著週遭的人群
不發一聲呼救與哀鳴

你呵，只是無聲地和你底死神掙扎
終於，你在最後一個顫動裡
　　永恆死去
又是那麼悄然，自然

我不忍看
我不忍想
你那悲慘的遭遇
是車輪輾著你
可是，那帶血的車輪
卻不會因你的慘死而有片刻停留

啊啊
我更不忍看
我更不忍想
每當世紀的巨輪

在那「時空」的經緯線上輾過去
那該有多少人呵
　也像你，像你

附記：一九五三年三月二十二日遊於基隆，適見一白貓被
　汽車輾死之慘狀而感作

——〈新詩〉週刊第七十四期——

心靈之歌

100

我們歌唱，我們奏樂
不一定要有「荷馬詩」「馬賽曲」
我們要的是靈魂哭泣，心靈歡笑……

我們走路，我們爬山
不一定要上天國
只要那裏有我們靈魂的住所
即使地獄——
　也是我們永恆的歸宿

—《新詩》週刊第七十八期—

拙
101

——使者悲歌

怎能表達我底心呵
語言
文字
你這人間的東西
如何傳播天國的聲音
如何傳播天國的聲音
你這人間的東西
文字
語言
怎能表達我底心呵

—《新詩》週刊第九十三期—

△詩簡▽

遲來的回響

—一封無法投遞的信—

一冊銀灰色的詩集《青鳥集》
謝謝你這永恆的贈予
〈青鳥〉呵（註一）
你在這多〈風雨〉的季節
含〈笑〉飛翔到這東方的雨港
沒有樂隊，沒有酒席
迎迓你這遠方的嬌客
而我卻懷抱一顆潔淨的詩心

在屋簷下，在「夢土上」（註二）
輕彈一首「尋夢曲」（註三）歡迎你
美麗的〈青鳥〉呵
你帶來四十一首〈寂寞的歌〉
在我那爬滿了苔鮮的古井之畔鳴唱
美麗的〈青鳥〉呵
你讓我像三月的〈燕〉
飛越過那〈生命〉的海
在〈五月〉的〈海灘〉上
讓我滿足一個〈平凡的願望〉
在這寂寞的人間
你滿載〈風雨〉的〈小舟〉
　〈為尋找一顆星〉
〈休說〉今日的詩壇太荒蕪
請看四季〈變化〉的景色
〈休說〉今日的詩壇太喧囂

請聽聖誕肅穆的〈鐘聲〉
是多麼悠揚地在
這海島的夜空迴盪
而我像〈午寐的海〉
啞了的琴弦，沒有讚美的〈話兒〉
但我卻像一個虔誠的信徒
聽見了午夜彌撒的〈鐘聲〉
它敲醒了我底——
一個夢，一個信仰和
　一個希望的靈魂
讓我記起了十年前的那顆星
願它是〈起來，輝煌的太陽〉繼續將我引領。

註一：《青鳥集》是女詩人蓉子于一九五三年十一月初版的處女集。
註二：《夢土上》是詩人鄭愁予于一九五五年四月初版的第一本詩集。
註三：《尋夢曲》是作者于一九五五年五月自版的袖珍型詩集。（筆名詩靜）

註四：〈　〉內均是〈青鳥集〉內的詩題，本詩簡由十七首詩的題目所組成。

後記：筆者在四十年前蒙女詩人蓉子親筆題贈《青鳥集》詩集一冊（迄今仍珍藏著），讀後被感動之餘，想寫一封信告訴她：我讀後心中的感覺。信沒寫成，卻把《青鳥集》裡十七個詩的題目聯綴而成一封「詩簡」來。被略去的第一行是：「蓉子詩人青鑒」／最後略去的一行是：「忠實讀者詩靜獻詩于雨港」。好像是因為蓉子詩人寄贈《青鳥集》給我的信封上的地址欠詳，因此我這封「詩簡」便變成了一封「無法投遞的信」。事隔四十年後終於完成了心願，但筆者仍把它當做一則小故事收集在這裡，也算是一種「遲來的回響」吧！希望蓉子詩人和羅門先生看到後也能莞薾一笑！

（二〇〇〇年十一月十日補註于小巢）

△童詩▽

媽媽的臉像月亮

媽媽的臉像月亮
她每天晚上陪我睡覺到天亮

爸爸的臉像太陽
他每天早上叫我起床囉

姊姊的臉像蘋果
她紅紅嫩嫩好漂亮

弟弟的臉像星星
他喜歡躲在白被窩裡
和我捉迷藏

評介

泛談傅予的詩

張默

傅予的創作詩齡是很高的，從紀弦、覃子豪、鍾鼎文等主編《新詩周刊》時期，一九五三年開始，他就有若干小詩在該刊登場，例如：〈拾碎篇〉第七〇期（一九五三年三月十六日）。〈你能告訴我嗎？〉第七十三期，一九五三年四月六日。〈貓死之聯想〉第七十四期，一九五三年四月廿日。〈心靈之歌〉第七十八期，一九五三年五月十八日。〈使者悲歌〉第九十三期（一九五三年九月七日）等。

簡言之，傅予的詩給讀者的整體印象是：率真、親切，而言之有物。

一九五三年三月廿二日，他在基隆見一隻白貓被汽車輾死，立即完成了廿七行的〈貓死之聯想〉，充分流露他珍惜生命悲憫的情懷，如首節——

那時，我不忍看
現在，我不忍想

貓呵！
你白毛上噴射出紅血
像山谷裡的一口噴泉
痛苦地跳著，蹦著，甩著，滾著
像孩子手裡的一個圓皮球

他形容貓在垂死掙扎時仿若孩子手中的一個圓皮球，四十七年前，他就有這樣栩栩如生的比喻，可見他的詩心是十分澄明的。

本書收入一些十行以內的「小詩」，也有著不可言說的趣味。〈鏡子〉四行，是一則清明有味的佳篇。

你為了逃避自己
而展示別人
你為了展示別人
而埋葬自己

〈手杖〉的末節，則有另一種意象彎曲而潺潺的感覺：

而今，那甩不掉的包袱
甩不掉的影子
有如一隻手杖，讓我
「牽手」徒步于斜陽

這「牽手徒步于斜陽」，的確，把手杖供人使用的情景寫活了。
〈床〉四行，也有不俗的表現——

你滿載著百萬雄兵
穿越愛的隧道，為
登陸葫蘆島上的一個
碉堡

請讀者用心眼去讀去感去想，你還需要再三追問〈葫蘆島上的碉堡〉究竟是啥？

自古文人雅士都寂寞，詩人亦然。傅予的〈有詩為伴〉，則以反諷手法點出詩人的大寂寞。錄末節如下：

我徘徊在菩提樹下
我佇立在十字架上
我行吟在汨羅江畔
不孤獨，不寂寞
因為有詩為伴

事實上，詩人的精神支柱是「詩創作」，祇要他的血液裡一直流淌著濃郁的詩愫，不都以擁有好詩為最樂。我想〈有詩為伴〉，可以抒發大多數愛詩人的心聲，至於屈原、耶穌、釋迦等人，不過是作者的一種假借罷了。

一個人一生祇能巧遇一次千禧年，傅予的〈千禧年的祈禱〉，是他個人朗朗的告白，也是對全人類的告白，不信，請看本詩的結局——

呵，天上的父
　地上的子民
願青山常綠
願綠水長流
願在一條沒有紅綠燈的斑馬線上
有一隻和平鴿子
伴我同行

另節錄他九首詩作中的斷句，供愛詩人一粲——

　當地球頓住的瞬間
我驀地在如雷聲中

逃出了
世紀末的迷思
——〈魔棒下的樂章〉

在酒與酒之間
用酩酊溶解千古的愁石
——〈真善美的人生〉

在晚霞滿天，金光萬丈的餘暉中
我掬日月潭滿潭的湖水
釀成一潭血紅血紅的秋之祭酒
——〈輓歌〉

我漫步在大地之上
如同海鷗飛翔在天地之間
——〈海鷗與我〉

久久，我對著我的墓碑
用白色寫下一個「零」
但卻用紅色畫下了一個
太陽

——〈墓誌銘〉

但願讓大愛的東風，吹垮
人與人之間的牆吧

——〈牆與橋〉

在蘆笛岩的岩洞中
我彷彿走進了大地的乳房

——〈鐘乳石〉

用你一首又一首的詩篇
對著自己回話
——〈回話〉

你踩著無我相的腳逃出了
春天的門檻
——〈色與空〉

以上所錄詩句，都是從傅予詩中剪取的心靈的花朵或碎片，愛詩人從不同角度切入，一定會有新的體悟，筆者就不再嘮叨了。

傅予的詩，有個人的偏執，有抒情的囈語，有尋夢的探索，有立即的欣喜……。

本書是他的處女集，創作近半世紀，僅此一書，就他個人而言，彌足珍惜。卷前作者自序〈天光雲影共徘徊〉，對所收詩作有清晰的歸類與解說，可供參閱。

至於筆者這篇粗疏的泛談，大家就當作它是投入「傅予詩湖」中的一顆小石子，可也。

——二〇〇〇年十月廿二日內湖

冬眠前後的鳴奏

——讀傅予著《生命的樂章》有感——

麥穗

當傅家琛以傅予的筆名重返詩壇時，腦際立即浮現出一本封面素淨、輕薄小巧的詩集《尋夢曲》，那是民國四十四（一九五五）年的事了，當時傅予是一位剛出校門的文藝青年，尤其對詩有一份偏愛和狂熱，不但愛讀詩而且更認真地創作，在當年一些著名的文藝刊物及詩刊如《新詩周刊》、《現代詩》、《文壇》、《葡萄園》等，都可以看到他的作品，就在那個做詩做夢的時期，他從微薄的薪資中，省吃儉用地節省了一筆錢，將自己的作品中，選了三十幾首較滿意的作品，以詩靜的筆名出了這本五十開本，三十四頁的迷你詩集。雖然在當時的詩海中，並未激起驚人的波濤，但對詩人來說第一本詩集，肯定是詩生涯中極為重要的句點，而傅予對《尋夢曲》的重視，從他以此書之名為愛女命名（《生命的樂章》封面攝影者傅夢曲女士）可以證之。

像許多早年寫詩的朋友一樣，詩的狂熱往往會被工作、生活或其他原因撲滅。民國五十五（一九六六）年以後，傅家琛（詩靜）悄悄地在詩壇消失了，直到民國八十八年，台灣發生了百年以來最慘重的「九二一集集大地震」，居然將「冬眠」三十三年的傅予，給「震醒」了。他立即拿起筆來，寫下了〈末日〉、〈輓歌〉、和〈站起來〉等深沉悲痛的新作，以傅予的筆名重返詩壇。從此，作品源源而出，其狂熱不減當年。

雖然早在三十多年前就與傅予有書信往來，也曾互贈過詩集（他送我的《尋夢曲》至今仍珍藏著），但卻始終緣慳一面，直到他復出詩壇，並參加了我們每月一聚的「三月詩會」，才意想不到地見了面。最近他有意將舊稿新作彙整成集，在二十世紀末的千禧年，以《生命的樂章》為名。出版他的第二本詩集。並將影印稿郵寄山居，希望能為新著提供一些讀後感，老友有囑，義不容辭，謹將拙見臚陳於後，供讀著諸君參攷。

《生命的樂章》詩分六輯，編成上下兩卷，長短詩共有百首，每卷三輯。上卷中除了八首小詩為三十年前舊作外，其餘都是近一年的新作，而下卷則全屬於三十年前的作品。這種前後並陳的方式，能方便讀者對詩人早期和近期作品有所對照和比較。也是詩人對自己詩生命中留下完整的履痕。我們就從這裡切入來探討：

傅予的詩風平實、明朗中蘊藏著一絲絲的哲理，往往初讀似乎感覺不到內涵的深意，但再讀時就會有一股與眾不同的說理，尤其在掀開詩集的序幕，一首首精靈般跳躍在眼前的小詩，發射出第一道亮麗的光芒，有一股讓人不忍將書合起來的魅力，如四行小詩〈字〉：

你——
懂得沉默是語言的語言
永恒地沉默著，給
人類做最忠實的證人

這首詩作於民國四十二（一九五三）年，卻發表於四十六年後的民國八十八（一九九九）年。像深藏在地窖中的一罈陳年老酒，帶著醉人的氣味，在這本集子裡有許多這種歷久彌新的舊作，如〈秘密〉、〈鄉愁〉、〈喜訊〉等等。都是值得細細品味的佳作。

一個詩人寫了十八年的詩，突然停下筆來，蟄伏了三十三年後再度執筆上陣，而且創作力旺盛，作品不斷見諸報刊的例子並不多。傅予可算是詩壇異數，他不但全力投入讀詩、寫詩、參加詩的活動（他現在是《葡萄園》、《乾坤》詩社及「三月詩會」的同仁）外，並將出版一本「由兩個相隔將近半世紀的基因所組成」的詩集《生命的樂章》。從這本詩集的作品中，可以看到一位詩人在兩個不同時代，兩個不同年齡下所表達的詩思。與同年齡的詩人一樣，傅予早年的詩中也充滿了對生命和未來的憧憬，例如下卷、輯五中的〈別〉：

像沙浮再向這人間一盼
啊啊，地球告別了
太陽和星星告別了
時間和空間告別了
最後，讓我和所有的「過去」告別
因為，我要飛呵
飛向宇宙的邊緣
飛向藍天的背後
⋮

飛，對每一個年輕人來說，都是曾經有過的夢，傅予的這首近乎狂想的作品，其氣勢磅礡，視野高遠。他不但要告別地球，甚至太陽、星星、時間、空間和所有的「過去」。飛向宇宙的邊緣和藍天的背後。在三十多年前，這種意象的營造，是屬於相當「新」的了。

至於復出後的傅予，自從三首震醒他「冬眠」的「九二一」震災詩開始，雖然時隔三十多年，但他那寫詩的風格，依舊承襲以往的平實、明朗。然而年過甲子的他並沒有因年齡而保守，他的詩中時而也有年輕人的風趣，但在表現手法上，並不惡形惡狀令人羞於吟讀，例如上卷輯一中的〈永恒的擁抱〉、〈床〉等二首小詩，沒有活生生的器官展示，但春天的潮水在你的心中卻已氾濫。二首小詩總共才八行，但讀之不免令人莞薾，這二首詩：一是〈永恆的擁抱〉如次：

一對凹凸基因的伴侶
　　醉了
醉在春天的葫蘆島上
醉成你儂我儂的永恒擁抱

（二〇〇〇、一〇、二二于小巢）

二是〈床〉如次：

你滿載著百萬雄兵
穿越愛的隧道，為了
登陸葫蘆島的一個
碉堡

（二〇〇〇、八、一于小巢）

上舉二首，每首四行或五行，結構完整而主題鮮明，對小詩已具有匕首的功用，發揮得淋漓盡致。

而另一首〈魔棒下的春天B〉，雖稍嫌「露骨」，但仍充滿了美感，是屬於「樂而不淫」的作品，值得一讀。

我認為讀《生命的樂章》，最重要的意義是讓我們迎接一個新世紀來臨前，能瞭解前行代在創作理念和風格上，為我們留下了一些什麼？在《生命的樂章》裡或可尋到一部份答案。

二〇〇〇年十月廿八日完稿於新店碧潭

生命的窺伺

—傅予著《生命的樂章》中主題詩之引介—

・夢影・

傅予詩集《生命的樂章》，共收集長短詩一百詩，其主題詩五首，是在第三輯中的一組詩，共有如次五首子詩所組成：

第一首是作者對生命的禮讚而喊出：〈美哉生命〉！

第二首是作者把「海鷗」人格化而譜出了〈海鷗與我〉！

第三首是生命的〈誕生〉而唱出了生命的序曲！

第四首是生命經歷奮鬥成長而臻圓融，也是整個生命演變過程中的進行曲，作者用〈浪花〉展現了一個人生命中最美麗的一刻！

最後第五首是生命中最美麗的一個句點。它是一塊無言的墓碑——〈墓誌銘〉作為生命的休止符，在夕陽斜照下它道盡了我們的一生！

筆者不敏針對以上這五首主題詩，站在個人主觀上表達一點粗淺的看法，不敢說是「解讀」，但或可作為一段「引言」！如有偏頗失誤之處，尚請諒宥。

本書作者在一九九八年從公職生涯中退休下來，在一般人的心目中，可謂已退出「人生的戰場」，他儘可高呼「美麗的仗我已打過」！但退休後的「生涯」應是處在無所「為」而「為」中，可是他卻居然發現了生命中真正美麗的一面！因而他十分莊嚴地寫出了〈生命樂章〉中的第一首——〈美哉，生命〉來表達他對生命的禮讚！全詩如次：

生命在輪迴一甲子之後
我才發現它居然是如此地美麗

生命在此已卸下活在人間的重擔
從此，不再為他人作嫁衣裳
從此，我底生命是為自己而活
如同為自己而呼吸一樣

生命如一道曙光
在晨曦的搖籃中喚醒了
一粒冬眠的種籽
生命如一朵浪花
在波濤洶湧的瞬間展現了
它最美麗的一刻

我對著一道曙光
我對著一粒種籽
我對著一朵浪花
不禁合十禮讚——
「美哉生命，我才一歲！」

本詩第一、二行：「生命在輪迴一甲子之後／我才發現它居然是如此地美麗」第二節第二、三兩行：「從此，我底生命是為自己而活／如同為自己而呼吸一樣」呼應第一節對自己美麗生命的珍惜如同「呼吸」一樣重要。第三段描寫一粒種籽在晨曦的召喚下；從大地下蹦出兩瓣萌芽的嫩葉。一朵浪花，在波濤洶湧的瞬間所呈現那最美麗的一刻！作者不禁喊出：「美哉生命，我才一歲」的讚嘆！在此，作者對生命遲來的春天，發自內心深處一句最真誠的禮讚！應是可以被理喻的，生命在此也獲得了它應有的尊崇和禮遇了！

次首〈海鷗與我〉讓我想起了海明威的《老人與海》，是描繪一個老漁夫在大自然裡如何求生如何和大海相搏鬥，他完全是屬於悲劇性的角色！而〈海鷗與我〉的作者卻是在夕陽斜照下瀟灑地高歌一曲「生命的頌歌」，全詩如次：

我漫步在大地之上
如同海鷗飛翔在天地之間
我存在宇宙之中
如同宇宙存在我的方寸之間
我底方寸之心呵

它卻存在我底生命之中

我底生命如同海鷗
如同一個跳躍的音符
在藍天白雲的五線譜上
彈奏一首：〈生命的樂章〉

作者謳歌生命，有如天地一沙鷗！請看本詩第三、四行：「我存在宇宙之中／如同宇宙存在我的方寸之間」。短短二行作者已把「宇宙」「生命」與「我」三者合一歸化為一體。再看第二節三行中，作者將「海鷗」人格化，把自己生命比喻為「海鷗」，讓孤單的生命充滿了活力—尤如鍵盤上一個「跳躍的音符」，「在藍天白雲的五線譜上」，彈奏了一首—〈生命的樂章〉！生命如此充滿了活力，多美呵！作者在美化人生中，讓生命扮演了一個樂觀進取積極性的角色；已在此表露無遺了！

再看第三首生命的〈誕生〉：

「生命鼓鼓地存在孕婦的肚皮裡

生命鼓鼓地包裝在一個圓圓的夢裡
生命如帆飄盪在波濤如織的海上
鼓鼓的肚皮，圓圓的夢
屈指中
一個新的夢
一個新的生命
誕生在
前方

一個新生命的〈誕生〉，是如何充滿了一個美麗的「願景」和一個殷切的「盼望」！〈誕生〉的第一行，作者用寫實手法點出了「生命」是存在一個「孕婦的肚皮裡」，第二行「生命」是包裝在一個「圓圓的夢裡」，作者對生命美麗的憧憬；自此由萌芽而開花了，第三行作者也影射了人生險惡「如海上的波濤」，但也反射出在險惡

「波濤如織的海上」，「生命」卻是「如帆」在和風浪搏鬥，有如〈老人與海〉末段六行中，作者有如哥倫布發現了新大陸，他看到了一個生命美麗的憧憬，就在他所規劃的「屈指中」的前方了！這個距離不遠的「前方」，正孕育一個圓圓的夢——一個理想，一個生命的無窮希望！均依稀存在那朦朧的「前方」！

第四首〈浪花〉是生命中的進行曲，全詩如次：

在這波濤洶湧的海上
浪花生滅在瞬間
雖然轉瞬間淹沒了蹤影
但你用生命展現了
那最美麗的一刻，在
這時空交會中的剎那

一朵又一朵
一波又一波

在這無涯的海中，猶如
在人類歷史的浪潮中
一代又一代，生生滅滅
在那大自然的波聲浪影中
你在演奏著一首不朽的樂章，迴盪在
迴盪在萬丈紅塵

「浪花生滅在瞬間」，而作者卻以：「你以生命展現了那最美麗的一刻」，我只能用「悲」「壯」二個字來形容它！作者從天空俯瞰海上一朵朵一波波的浪花，而連想到人類歷史上的一代又一代，也聯想到：蘇軾的赤壁賦「大江東去，浪淘盡千古風流人物」！人生有如後浪推前浪，大自然在演奏一首多麼不朽的樂章！它正迴盪在天上人間的「萬丈紅塵」，讓永遠前仆後繼的浪花，各自展現了那最美麗的一刻！

本組詩的末首〈墓誌銘〉全詩如次：

我凝望著
大地上一塊墓碑
在它上面，想寫
一首詩
一句話，或是
一個字也好
呵，不！因為——

因為我的生命是無聲的
它沉默如太陽
默默地從東方走來，又
默默地向西方走去
它寫下了晨曦
　也寫下了晚霞

久久，久久—

我對著我的墓碑仍是一片空白

但終于我用白色寫下一個「零」

卻用紅色畫下了一個太陽

一塊無言的墓碑，是此篇生命樂章中最美麗的一個句點。它也是終結一個生命的休止符！「生命」本來就是從「無」中變「有」，又從「有」中變「無」的大自然界中永遠不變的規律，因此作者頓悟這世界上實在沒有任何一首「詩」，任何一個「字」能表達宇宙中存在過「生命」的真諦！生命只是如太陽在天空默默地來，又默默地去！有人寫下了晨曦，有人寫下了晚霞，有人什麼也沒有寫下，但他們卻畫下了一個個圈圈的「零」，但它也代表了一個無限大的太陽，這可是一個平凡中「生命」的真諦嗎？因此筆者覺得；讀〈生命的樂章〉好像在窺伺宇宙中對一個存在過的「生命」卻存在著一個不可告人神秘的「謎」了！這個謎底是有待于能參透宇宙人生的大智者和詩人手中生花的妙筆了！

文章可以解讀，「詩」是難以解讀的，因為最佳的解讀；當是在于作者形成一首詩的剎那之間！故本文可作為一篇「引言」而已！

（最後因限于篇幅，其餘各輯的詩恕不一一論及）

（二〇〇〇・十・三十于小巢）

後　記

《生命的樂章》付梓之前，承蒙詩人張默和麥穗兄賜文評介，但他們都太客氣，而給本書許多溢美之詞，至感汗顏，敬特在此道謝！

詩人張默說：「他那篇「泛談」就當作是一顆小石子」投入我的「詩湖」，但他的話有如剪落那片片詩葉飄入我平靜的詩湖，所激盪起的波瀾卻讓我久久不歇！因為他一句「言之有物」確已切中我的要害，對拙詩的褒貶盡在一言中了！

詩人麥穗說：「《生命的樂章》裡或可尋到一部份前行代在創作理念和風格上，為我們留下一些什麼的答案」，也許它只是在詩海裡留下了一粒小小的「微塵」而已吧！

本詩集的主題詩五首由筆名「夢影」用第三人稱寫下〈生命的窺伺〉一文作為引介，作者由「窺伺」而反映出筆者心靈深處頗為深入淺出的告白，亦併此謝了！

本詩集原計劃是「詩迎千禧」，因筆者個性懶散，而延宕快一年猶抱琵琶半遮面！如今卻變成告別「千禧年」，而迎接新世紀了，在這二十一世紀的晨曦之下，但願它是一個新生命的誕生！並在此謝謝諸親好友對本書的關心和鞭策！

另本書附錄三首歌曲，是四十年前一位大陸來台作曲家白浪老先生，為我〈尋夢曲〉三十首小詩譜成歌曲名為《藍色的夜曲》一冊賜贈我，它已塵封將近半個世紀，迄未履行雅囑問世，故在此抄錄三首，並以原跡製版，俾作為追思白浪老先生的永遠懷念！

（二〇〇〇年、十二月十日于小巢）

附　錄

㈠手　　　稿

㈡藍色小夜曲

螢火蟲

你——
是天上的星星
為了追尋那失落的夢
向人間流浪了

小立

白雲小立於山峯
浪花小立於海濱
銅像小立於大地

而我，卻在時間之冥流上
悄悄地，默默地
小立了三十個剎那的春天

—卅歲生日有感而作

詩路三轉

(一)

當我十七十八二十時
我寫詩，是寫在
一張粉紅色的信箋上
那是一首「為伊消得人憔悴」

(二)

當我三十四十時
我寫詩，要寫在
各大報的副刊上，要寫在
所有電子媒体的網際網路上
因為我有話要說
因為我要听那更多的掌聲

或是噓聲也好

(三)

當我七老八十時
我仍要寫詩
但我卻把枕邊細語的情話
聽成了我夢中的囈語
我卻把多餘的掌聲
聽成了環保耳中的鞭炮
因為我底詩已不像詩
它卻像是天人合一的禪中語

(寫于翻印的前夕于小巢)

是你的歌声在呼唤
Slowly
FEB. 25. 1960

行者留歌
Feb. 23. 1960
No.
(行板)

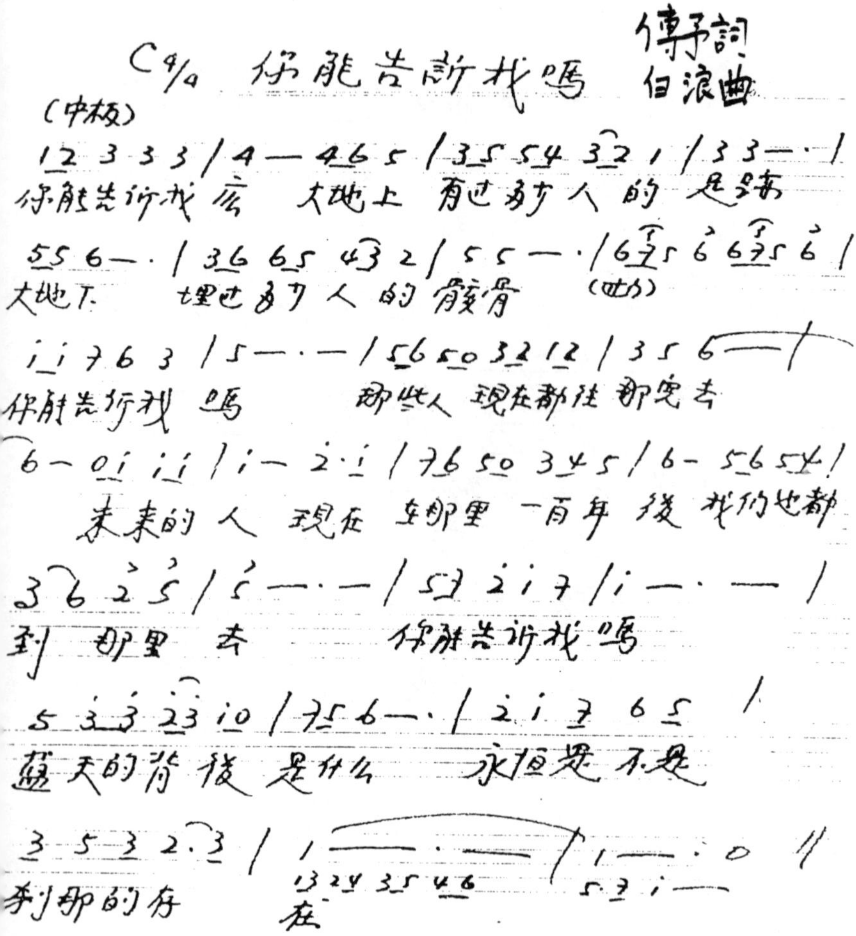

C4/4　你能告訴我嗎　傅予詞　白浪曲

（中板）

1 2 3 3 / 4 — 4 6 5 / 3 5 5 4 3 2 1 / 3 3 — · 1

你能告訴我嗎　大地上　有過多少人的　足跡

5 5 6 — · / 3 6 6 5 4 3 2 / 5 5 — · / 6 7 5 6 6 5 6 1

大地下　　埋也多少人的　骸骨　　（中板）

1 1 7 6 3 / 5 — · — / 5 6 5 0 3 2 1 2 / 3 5 6 —

你能告訴我嗎　　那些人現在都往那裏去

6 — 0 1 1 1 1 / 1 — 2 1 / 7 6 5 0 3 4 5 / 6 — 5 6 5 4 /

未來的人　現在　在那裏　一百年後　我們也都

3 6 2 5 / 5 — · — / 5 3 2 1 7 / 1 — · — /

到　那裏　去　　你能告訴我嗎

5 3 3 2 3 1 0 / 7 5 6 — · / 2 1 7 6 5 /

藍天的背後　是什麼　　永恆是不是

3 5 3 2 · 3 / 1 — · — / 1 — · 0 /

剎那的存　　在

1 3 2 4 3 5 4 6 5 3 1

生命的樂章

著　　者：傅　予
郵政劃撥帳號：19495867號 傅家琛
電話／傳眞：886-2-24266212
手　　機：0932-259900
封面設計：曾堯生
出版者：文史哲出版社
登記證字號：行政院新聞局版臺業字五三三七號
發行人：彭正雄
發行所：文史哲出版社
印刷者：文史哲出版社
臺北市羅斯福路一段七十二巷四號
郵政劃撥帳號：一六一八〇一七五
電話 886-2-23511028・傳眞 886-2-23965656

售價新臺幣二四〇元

中華民國九十年一月初版

ISBN 957-549-337-0

國家圖書館出版品預行編目資料

生命的樂章 / 傅予著. -- 初版. -- 臺北
市:文史哲,民 89
面： 公分
ISBN 957-549-337-0(平裝)

851.486 89019235